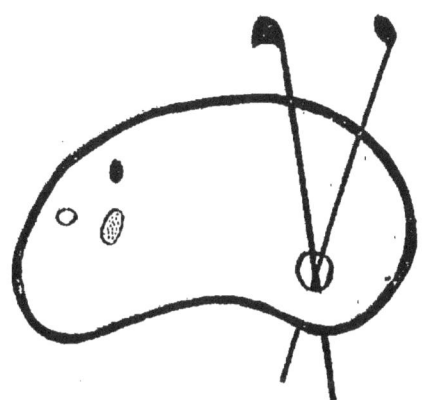

DEBUT D'UNE SERIE DE DOCUMENTS
EN COULEUR

24 avril 1857 — 99f

COLLECTION V. J....
Van Isacker

TABLEAUX
MODERNES

Vente le Vendredi 24 Avril 1857.

Exposition particulière le Mercredi 22 Avril.

EXPOSITION PUBLIQUE LE JEUDI 23 AVRIL, DE MIDI A 5 HEURES.

Me POUCHET, Commissaire-Priseur
M. Francis PETIT, Expert.

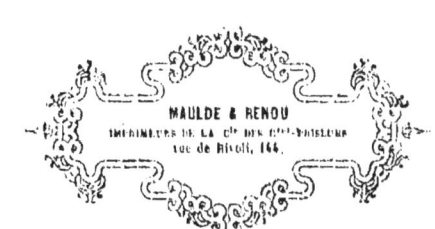

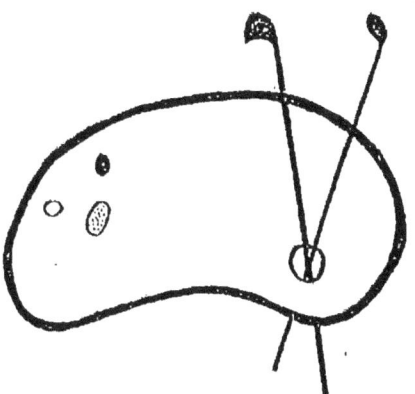

FIN D'UNE SERIE DE DOCUMENTS
EN COULEUR

CATALOGUE

DES

TABLEAUX

MODERNES

Composant le Cabinet de M. V. J....

DONT LA VENTE AURA LIEU

RUE DROUOT, N° 5,

SALLE N° 5, AU PREMIER,

Le Vendredi 24 Avril 1857, à 3 heures précises.

Par le ministère de Me **POUCHET**, Commissaire-Priseur,
Sr de M. RIDEL, rue Saint-Honoré, 217,

Assisté de M. Francis **PETIT**, Expert, boulevart Poissonnière, 24.

EXPOSITION PARTICULIÈRE LE MERCREDI 22 AVRIL.

EXPOSITION PUBLIQUE
Le Jeudi 23 Avril 1857, de midi à cinq heures.

1857

CONDITIONS DE LA VENTE

Elle sera faite au comptant.

Les acquéreurs payeront, en sus des adjudications, cinq pour 100 applicables aux frais.

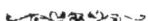

Le Catalogue se distribue :

A PARIS............................	M. Pouchet.
—	M. Petit.
A BRUXELLES	M. Géruzet.
—	M. Hollender.
A ROTTERDAM.....................	M. Lamme.
A LA HAYE........................	M. Vangogh.
A AMSTERDAM....................	M. De Vries.
A LONDRES.......................	M. Gambart.
A BERLIN.........................	M. Lepke.

A M. FRANCIS PETIT.

I.

Monsieur,

Je crois qu'il est bon de constater, même à propos d'un simple Catalogue, un fait général qui ne signifie rien moins qu'une grande et charmante révolution au profit de l'art et des artistes : je veux parler de ces ventes de Tableaux modernes, qui se multiplient depuis quelques années avec tant d'éclat et de bonheur; véritables enchères du goût public, dont le succès, même au point de vue industriel, témoigne si heureusement en faveur des mœurs intellectuelles de notre époque. En voyant, presque chaque jour, tout ce monde empressé, curieux et avide, autour de quelque collection de tableaux; en voyant, à chaque Exposition publique, cette nombreuse et infatigable assistance qui est en quelque sorte une délégation de toutes les classes intelligentes de la société, — il semble que le progrès, le bien-être, l'étude, la conscience du beau, le perfectionnement des besoins spirituels, aient jeté une passion nouvelle dans l'imagination de notre pays : la passion des choses de l'art.

Et cette belle passion de tous les esprits, cette admirable popularité du goût, si on peut le dire, en provoquant des désirs et des besoins nouveaux, a créé ou du moins a développé, en France, une industrie savante, exercée par des amateurs officiels, par des appréciateurs dans le meilleur sens du mot, par de vrais artistes qui vous ressemblent, Monsieur, et qui servent si bien, avec tant d'intelligence et de patience, le développement heureux de ces désirs et de ces besoins nouveaux dont je parle.

Aujourd'hui, à Paris, ce qu'on appelle le commerce des tableaux ne s'adresse plus seulement aux princes et aux grands : il s'adresse à toutes les classes, à toutes les fortunes libérales. Il cherche, il fouille, il collectionne de son mieux, pour le plus noble des services publics. Il visite les ateliers, il devine les talents, il enrichit les artistes, il provoque plus d'une fois les grandes œuvres. Il connaît toutes les galeries célèbres, toutes les belles collections, et il trouve le moyen d'en distraire quelque chose de précieux, pour le plaisir d'un client qui est le public tout entier. Il ne doute jamais de l'empressement ni de la richesse de cette clientèle qui est tout le monde, et il ne songe qu'à lui offrir, dans des expositions publiques, les spécimens les plus remarquables de la peinture contemporaine.

C'est ainsi, Monsieur, qu'aujourd'hui encore, vous allez attacher votre nom et votre honneur à la plus riche collection qui se soit vendue à Paris, depuis la vente des tableaux du duc d'Orléans.

II.

Quand je pense à toutes ces belles choses, si élevées, si originales, si éclatantes, que vous avez bien voulu me laisser étudier ou plutôt admirer il y a peu de jours, je me demande s'il est utile de *détailler* le catalogue de tant de merveilles et de chefs-d'œuvre. Vous annoncez la vente de tableaux signés par *Eugène Delacroix, Decamps, Delaroche, Couture, Théodore Rousseau, Diaz, Troyon, Jules Dupré, Isabey, Léopold Robert, Müller, Robert Fleury, Roqueplan, Ary Scheffer, Ziem, Philippe Rousseau, Hamon, Jacques, Guillemin, Baron, Brias* et *Millet.* Eh bien! encore une fois, Monsieur, à quoi bon ajouter quelque chose, un jugement, un détail, un commentaire, un éloge, à de pareils noms qui sont le talent, le charme, l'esprit, l'originalité, le génie même de notre école française? Mais songez donc, Monsieur, qu'il y a là, dans cette rare et merveilleuse collection, tout ce que l'on pourrait souhaiter de meilleur au dessin, à la couleur, à la composition et à l'idée de l'art contemporain, en France! Vous serez vraiment bien avancé, et vous apprendrez au public quelque chose de bien nouveau, quand vous aurez fait imprimer quelques pages de prose imitative, style pittoresque et ambitieux, voulant tout dessiner et tout peindre avec un pinceau qui est une misérable plume, avec une palette qui n'est qu'une méchante écritoire !

A vrai dire, je sais comme vous, Monsieur, qu'il serait peut-être facile à un écrivain spécial de découvrir, de faire ressortir et de louer, en plus d'un endroit, dans cette collection d'aujourd'hui, des qualités d'artiste presque nouvelles, des parties de talent peut-être ignorées, des inspirations inconnues dans les talents que l'on croyait le mieux connaître. Oui, certes, voilà plus d'une toile qui est une véritable surprise, une bonne fortune imprévue; mais, je vous le conseille, Monsieur, laissez faire votre public : il verra tout ce que nous avons vu, et j'imagine qu'il verra plus encore; il verra tout ce qui se montre, et même tout ce qui se cache dans de pareils tableaux : il saura bien arriver, sans nous, à travers les procédés visibles de l'art, jusqu'au sentiment le plus élevé, jusqu'à la pensée la plus ingénieuse de l'artiste.

III.

Pensez-vous, par exemple, Monsieur, que le public de votre vente ait besoin des avertissements d'un Catalogue, pour *s'étonner* devant ces deux toiles de Delaroche: *Galilée* et *Jésus-Christ au Jardin des Oliviers ?*

Comme dimension, le *Galilée* n'est qu'un petit tableau : le public en fera une œuvre grande et superbe. Il comprendra, il sentira bien vite tout ce que la main du maître a mêlé de finesse, de fermeté, de largeur, de lumière et d'audace, dans l'ensemble harmonieux de ce chef-d'œuvre. Quel magnifique joyau, ciselé dans la pâte avec la pointe d'un pinceau! Cette fois, Delaroche est encore le dessinateur que nous connaissions tous; mais il est aussi le coloriste que nous ne connaissions peut-être pas. Et puis, n'est-ce pas quelque chose de nouveau et de charmant que de trouver, dans cette petite toile de Delaroche, ce que l'on trouve d'ordinaire de plus vrai, de plus réel dans la vie intime des personnages de Meissonnier? Tout est silence, contemplation, immobilité, dans cette chambre de Galilée : quel isolement dans l'esprit de ce philosophe! quelle obstination dans la pensée de ce savant! et comme il semble chercher quelque vérité de la philosophie, quelque secret de la science, à la manière de Newton : *En y pensant toujours!* On le regarde penser, et parfois, à travers cette figure attentive, froide, immobile, on croit entrevoir l'esprit humain qui s'agite pour arriver au fond de tout. Il faut appeler ce petit chef-d'œuvre : le *Penseur*.

Quant au *Jésus-Christ au jardin des Oliviers*, Delaroche ne nous a peut-être pas laissé une seule page qu'il faille préférer, si parfaite et si célèbre qu'elle soit, à ce tableau de sainteté où le sentiment religieux, le recueillement spiritualiste, l'illumination d'en haut, comme dit Bossuet, absorbent l'homme et dominent l'œuvre. Dans cette admirable peinture qui vous saisit, vous navre et vous charme, dans cette ombre mystique qui est déjà un ensevelissement et qui commence le Saint-Sépulcre, il y a le génie d'un artiste qui va mourir et qui croit! C'est le tableau d'une croyance individuelle; c'est la dernière manière du peintre, ce que l'on pourrait appeler une manière *suprême*, qu'il doit au pressentiment de la mort chrétienne. Il semble que l'on voie Delaroche, faible, croyant et résigné, debout devant cette toile, un pinceau à la main : il ne cherche plus, et il trouve ; il trouve, en s'isolant, en se recueillant, en chancelant peut-être lui-même avec ce Jésus qui s'agenouille et qui prie, une scène profonde, toute remplie de dévotion et de douleur, une scène immense où l'humanité palpite et souffre dans quelque chose de surhumain. La foi est là : c'est elle qui a imaginé cette *Grotte de l'agonie*, ce mystérieux paysage, sombre et pourtant éclairé, illuminé par un Dieu; elle a passé, elle a glissé sur ce corps qui s'affaisse tout doucement, — le corps d'un Dieu qui appartient encore à la terre qu'il va sauver; elle a incliné ce front céleste qui porte la religion et le salut de l'avenir. Oui, la foi est là : elle va au fond de tout, avec la main de l'artiste, jusqu'à ce qu'elle ait trouvé les tristesses ineffables, les sublimes défaillances et les divines larmes de Jésus. Si Lamartine était peintre, il aurait fait ce Jésus-Christ de Delaroche.

IV.

Croyez-vous, Monsieur, que le *Brigand blessé*, de Léopold Robert, ait besoin d'une explication ou d'une louange qui le recommande à l'attention et à l'admiration publiques? L'habileté harmonieuse de la composition, l'intérêt pittoresque du drame, la perfection du dessin, la fermeté puissante du pinceau, l'expression exquise des figures, le bonheur du trait et du détail, une veine de couleur qui ne s'ouvre pas toujours sous le pinceau de nos meilleurs coloristes, un caractère général de grande tristesse, de mélancolie solennelle, qui est le propre du talent et de l'esprit de Léopold Robert, — tout cela est visible, tout cela éclate, dans cette toile précieuse qui fut autrefois une des richesses inestimables de la collection de la duchesse de Berry.

Vous rappelez-vous, Monsieur, un *Intérieur d'église*, de Léopold Robert, une des nefs de la basilique de Saint-Laurent de Rome? Je ne sais pas trop par quelle logique, sans doute un hasard d'idées, je me suis souvenu de ce tableau, si grave, si sévère, si grand jusque dans ses moindres détails, en regardant l'autre jour, dans votre exposition publique, l'*Amende honorable* de Delacroix, ce miraculeux *Intérieur de couvent* qui fut une des bonnes fortunes de la vente des tableaux du duc d'Orléans.

L'*Amende honorable* porte la date de 1831, une époque où Delacroix ne semblait pas chercher précisément tout ce qui distingue un pareil tableau, tout ce qui fait de cette toile une œuvre véritablement unique dans l'ensemble des travaux du célèbre artiste. Oui, Monsieur, en 1831, à côté du *Massacre de Scio*, dans cet atelier où l'art cherchait des révolutions sur une palette, Delacroix s'avisait de peindre l'*Amende honorable*, c'est-à-dire une page qui a tout à la fois de la finesse et de la grandeur, du dessin et de la lumière, la hardiesse la plus éclatante et la minutie la plus heureuse; une composition claire, nette et limpide, où tout se détache et où tout s'harmonise, où les détails semblent se perdre sans que l'œil cesse de les retrouver; une œuvre qui ne donne rien au hasard, qui calcule tout, arrange tout, les plans, les lignes, les figures, les ornements, les repoussoirs, les accessoires, les moindres effets, avec une couleur héroïque qui a le courage de tout dessiner. Le succès public de l'*Amende honorable* va recommencer aux enchères, et je me demande si l'argent payera jamais tout ce qu'elle vaut. Ah! Monsieur, quelle belle chose!

Vous avez aussi un Delacroix que j'ai reconnu bien vite, et que tout le monde connaît : le *Persée et Andromède* : rien que cela!

Si je présidais à l'arrangement matériel de votre Exposition, je voudrais placer avec une sorte d'artifice d'artiste, à côté du *Brigand blessé* et de l'*Amende honorable*, un autre chef-d'œuvre : le *Chasseur de marais*, — et j'aurais ainsi, avec ces trois tableaux, un groupe singulier de talents admirables, dans des contrastes prodigieux.

Le *Chasseur de marais* est une œuvre considérable qui porte, avec le nom de Decamps, la force, la vigueur générale, la solidité, toute la superbe hardiesse de ce maître. Ce *chasseur*, vu de dos, est incroyable; c'est la physionomie, sans la figure : on voit un visage — qui est pourtant bien caché. Le mouvement de l'œil et de la main se trahit; je ne sais comment : on va tirer, on tire et on tue. M. Charles Blanc, qui *détaille* si spirituellement les catalogues, dirait à ce sujet ce qu'il disait un jour à propos d'un *chasseur* d'hommes : « Je ne sais s'il manquera son coup; mais le peintre n'a pas manqué le sien. »

Il n'y a que le pinceau fouilleur et entêté de Decamps pour *oser oser* ce qu'il réussit à faire dans cette *chasse*, où l'eau, la boue, les terrains, le paysage, l'homme et les chiens réalisent l'impossible.

V.

Je lisais tout à l'heure dans une notice d'art très-bien faite : « Les sujets qui intéressent l'esprit profitent toujours à l'artiste. » Cette phrase semble avoir été écrite à l'intention du peintre bienheureux des *Romains de la Décadence*. Depuis quelques années surtout, Couture semble vouloir mettre une pensée, une intention de philosophie, quelque chose d'observé, dans la plupart de ses œuvres. — C'est un artiste qui tient beaucoup à réussir, et il cherche une grande partie de son succès dans le sujet, dans l'idée. Il s'adresse à l'attention intellectuelle ; il sollicite la réflexion : il veut intéresser notre esprit avec une secrète pensée, et il nous donnerait volontiers son talent d'exécution, talent énorme, presque par-dessus le marché.

Au fur et à mesure de ses travaux et de ses progrès, Couture s'efforce visiblement d'observer la réalité humaine de l'art : il pense, et il veut faire penser. Il touche ingénieusement, trop ingénieusement peut-être, à l'observation ; il tâche, par l'ensemble et par les détails de ses compositions, de ressembler à un observateur, — un observateur en peinture. Il lui paraît sans doute facile de remuer le cœur humain avec un pinceau, et d'en montrer les fibres sur une toile. Il veut qu'après avoir tout vu dans quelques-uns de ses tableaux, on y devine encore quelque chose. J'imagine qu'il ne lui suffit pas que nous regardions les belles pages qu'il sait *peindre* : il voudrait qu'il nous fût possible de lire ce qu'il a écrit dans ses peintures. Je suis sûr que les *Tableaux* d'observation de Balzac l'empêchent de dormir.

Ce parti-pris de recherche morale, cette préoccupation du sentiment et de l'idée, ont porté bonheur au talent de Couture, et il va nous prouver encore, avec les *Deux Politiques*, avec l'*Enfant au tambour*, avec la *Nostalgie*, avec *Une Affaire après un bal masqué*, que « les sujets qui intéressent l'esprit profitent toujours à l'artiste. »

VI.

Vous le dirai-je, Monsieur, avec un certain embarras que vous apprécierez? le *Fauconnier* de Couture avait bien de la puissance, de l'éclat et du charme : c'était une ravissante peinture, que l'admiration d'un homme d'esprit appelait dernièrement un des bonheurs de l'art contemporain; eh bien! Monsieur, voici mon embarras : j'ai presque peur de préférer, publiquement, à ce merveilleux *Fauconnier*, cette autre merveille qui a nom l'*Enfant au tambour*. Mais, aussi, quelle simplicité et quelle science! que de légèreté dans la solidité même des tons! que de puissance délibérée dans les recherches patientes du dessin! quelle vérité vraie dans cette *chose* qui n'est qu'un misérable tambour, et qui devient presque un personnage animé! Et quel adorable épanouissement de jeunesse, d'intelligence et d'ambition naïve, dans la physionomie souriante de cet enfant! Ah! je le vois bien, en le devinant : il sourit à l'avenir, n'est-ce pas, mon cher Couture? et il bat déjà la charge, dans quelque mystérieuse mêlée de son cerveau, et il s'engagera dans une armée de volontaires, il s'enrôlera peut-être dans une révolution, il sera général, il sera maréchal de France, — et il deviendra assez riche pour acheter fort cher votre tableau!

VII.

Et la *Nostalgie?* peinture excellente, originale, blonde et forte, énergique et langoureuse, avec un motif qui trahit admirablement, dans une figure qui est toute une personnification, l'esprit de recherche et la secrète philosophie du peintre.

Voilà un pauvre diable attablé sur un boulevart de Paris, un cigare à la main, dans le bruit et dans l'éclat de la grande ville. Il fait gris, il fait triste, il fait froid, autour de cet homme qui ne voit que la patrie absente, qui n'entend que les voix mystérieuses du passé. Toute la mémoire de ce malheureux semble parler sur sa figure, — une mémoire douce et terrible qui se souvient de tout, avec cette peine qui est en même temps une souffrance de la chair et une douleur de l'esprit. C'est bien là la *morbidesse* du regret, le regret qui se laisse vivre, qui se laisse mourir dans le mal du pays, dans la contemplation intérieure de tout ce qu'on a connu, de tout ce qu'on a aimé autrefois. Oh! le mal du pays! le mal du passé! qui est-ce qui n'a point porté dans un pli de son âme un peu de ce mal si charmant et si affreux? Le sentiment vrai, le sentiment intime, ne peut guère, en peinture, aller au delà de l'expression étrange et poétique de ce tableau.

VIII.

Et en quittant, bon gré, malgré, ce double spectacle, l'*Enfant au tambour* et la *Nostalgie*, spectacle sérieux, que Couture vient d'ajouter au répertoire de sa peinture réelle, nous pouvons assister à la représentation pittoresque de deux petites pièces, deux comédies de genre, qui sont peut-être d'excellentes comédies critiques.

Il y a dans les *Deux Politiques*, dans ces deux physionomies attentives, dans ces deux masques absorbés par la lecture d'un journal, une finesse, une vérité d'intention et d'exécution qui réussit à retourner la pensée et à la détailler sur les visages. Tout est compris, tout est rendu, dans cet épisode d'un carnaval de notre temps; on est tenté de crier à ces deux masques : « Je vous connais; vous n'avez plus rien de jeune, sinon la figure; vous n'avez rien de joyeux, sinon le costume du moment; vous ne songez, dans un jour de plaisir, ni à boire, ni à danser, ni à aimer; vous êtes deux hommes d'affaires, et vous dévorez les nouvelles du *Moniteur*, en songeant à la Bourse du lendemain ! »

Van Dyck et Lawrence, qui ont pris plus d'une fois un pinceau dans l'atelier de Couture, se sont avisés de se réunir encore pour peindre, en collaboration avec notre artiste, l'ambitieux *Enfant* dont je parlais tout à l'heure, la figure de la *Nostalgie* et les *Deux Politiques*.

Et quelle autre ravissante comédie que l'*Affaire après*

un *Bal masqué*, comédie plus détaillée encore que celle que nous venons de voir, plus spirituelle peut-être, et si grande dans la variété des petites choses heureuses, vraies, expressives, qu'elle nous montre sur la scène, dans un théâtre écarté du bois de Boulogne! Je ne sais rien de plus divertissant, de mieux observé que ces témoins qui conseillent, sinon ces deux adversaires qui écoutent les conseils : deux groupes si plaisants, où Pierrot et Arlequin n'ont pas l'air de comprendre la solemnité comique d'une pareille rencontre, le lendemain d'un bal masqué! Intentions, physionomies, mouvements, costumes, détails, terrains, tout cela est parfait : c'est une grande peinture sur une petite toile; c'est une immense miniature à l'huile.

Voilà bien, selon moi, deux tableaux d'observation, qui laissent deviner au fond de la pensée de l'artiste, à travers les prodiges du pinceau, quelque page de Balzac ou quelque légende de Gavarni.

IX.

Après avoir observé et pensé, après avoir rêvé aussi, en souriant, avec la philosophie si bien peinte de Couture, il serait bon d'aller se reposer en pleine verdure, en pleine nature, dans l'ombre ou dans la lumière, au fond de la campagne de quelque grand maître.

Aussi bien, j'aperçois, dans votre salle de vente, de magnifiques paysages qui pourront nous laisser passer à travers les bois, dans l'herbe, dans la poussière et dans la rosée.

En approchant de ce beau tableau de Troyon, *Une Matinée d'automne*, œuvre récente et à peu près inconnue encore, je ne sais quel léger brouillard vous enveloppe, vous saisit, et vous donne déjà comme une sorte de petit frisson. Ce brouillard, cette façon de nuage transparent, étendu çà et là, ne peut rien nous cacher, rien nous voiler de ce qui fait l'harmonie de cette composition, de ce qui lui prête une si savante unité dans la variété, de ce qui lui donne peut-être le souvenir de la première et grande manière du peintre. Et comme le théâtre principal de ce beau paysage est bien arrangé, bien machiné, pour faire valoir quelques acteurs admirables, des personnages qui sont les animaux ordinaires de Troyon ! On peut dire que Troyon, plus d'une fois, a doublé la force, l'instinct, la vie même des animaux de Paul Potter : il les fait vivre plus largement encore, et plus franchement peut-être; il les met en scène, il les oblige à ruminer le rôle de la réalité, dans toute la robuste plénitude de la création; enfin, ce sont *des Animaux peints par eux-mêmes*.

Vos deux autres toiles de Troyon, les *Chiens au repos* et la *Sautée aux Vaches*, figuraient dans le musée européen de l'Exposition universelle; je les admire encore et je passe : ils ont déjà épuisé toutes les phrases et toutes les périphrases de l'éloge.

X.

La *Matinée de printemps* de Rousseau figurait également à l'Exposition universelle, avec l'honneur et le succès que vous savez; il me semble que l'artiste y a jeté encore, et cela tout récemment, quelques gouttes de couleur, de lumière blonde et de rosée.

Ce n'est plus le brouillard, c'est bien la rosée qui mouille la *Matinée* de Rousseau. On sent l'humidité; on se baigne dans une fraîcheur qui n'est plus le froid de tout à l'heure. Le pied glisse dans l'herbe, et la trace y reste sans doute, tant cette herbe est encore nouvelle, douce et molle. Comme tous ces beaux arbres sont bien mouillés par une eau qui n'est point la pluie, et comme on devine qu'un rayon de soleil va les sécher tout de suite : il fera si beau toute la journée! Puis, regardez bien cet homme qui chemine dans un sentier : ce point noir, ce rien, cet infiniment petit, élargit encore et agrandit les proportions du paysage! Mais, Monsieur, ce n'est point là un paysage : c'est une nature. C'est un JOUR, un des meilleurs jours du bon Dieu, quelque chose de radieux et d'immense, qui commence tout simplement dans un tableau.

Je me souviens d'avoir entendu dire un mot assez joli et assez juste, à propos des paysages de Rousseau : « S'il n'a pas donné le printemps à la peinture, du moins il le lui a rendu. »

Ce mot ne pourrait-il pas s'appliquer aussi à plus d'un paysage de Jules Dupré?

Si Rousseau a une patience de contemplation qui vient à bout de tout ce qu'il voit, Jules Dupré a une impatience d'enthousiasme qui élève tout ce qu'il a vu. L'un épie la nature : il la surprend, et il la reproduit sur la toile; l'autre devine la nature, et il en traduit l'éclat par des éblouissements de peinture. Le premier nous donne d'ordinaire des paysages qu'on pourrait appeler *humains*; il arrive plus d'une fois que le second *divinise* un peu ses paysages. Votre *Soleil couchant* de Jules Dupré a une lumière mourante qui resplendit encore : le soleil se couche, mais il en reste quelque chose de beau et de chaud dans le ciel, sous les arbres, sur les terrains, dans toute cette immense campagne. C'est un paysage qui paraît nous dire solennellement qu'il n'a point perdu sa journée !

XI.

Dans les paysages de Troyon, de Rousseau et de Jules Dupré, on marche, on se fatigue, on se mouille, on se hâte. On y rencontre des animaux et des hommes.

Dans les paysages de Diaz, on ne marche pas, on ne marche plus : on se promène tout doucement sur de beaux tapis de verdure; on se repose, on babille, on rêve; on s'attend presque toujours à voir paraître et disparaître dans un massif une femme, une nymphe, un amour, une déesse; ce sont des forêts presque enchantées : le magicien est là, un pinceau à la main...

> Peut-être un peu trop de magie
> A mis le Tasse un cran plus bas;
> Mais que ne pardonne-t-on pas
> Pour Armide et pour Herminie !

Cette Armide et cette Herminie, dans la peinture de

Diaz, sont presque toujours l'éclat, la grâce, la fantaisie, la couleur, des bonnes fortunes qu'il trouve en rêvant, une vérité idéale, le jeu le plus charmant de la lumière, de la couleur... et du hasard. Il y a un peu de tous ces mérites, de toutes ces *trouvailles* dans l'*Intérieur de forêt*, qui appartient à la meilleure manière de l'artiste, dans le *Soleil couchant* et dans le *Matin*. Les *Vaches à l'Abreuvoir* sont une toile réussie, bien venue, chaude et exquise.

Je voudrais voir figurer, Monsieur, entre deux tableaux de Diaz, les deux petits médaillons d'un artiste qui a aussi bien de la grâce et du charme : le *Message* et la *Fête à Priape* de Baron, deux jolies peintures qui ont des traits d'élégance, des mouvements de plaisir, des tendresses de coloris. Baron pourrait *faire grand* sans doute : il se contente de *faire doux*; souvent, quand je regarde ses tableaux, je crois y entendre lire l'*Art de plaire*, et quelquefois aussi l'*Art d'aimer*.

Muller est également un des peintres qui aiment le plus à aimer. Le talent qui nous a donné la grande page du *Dernier Appel des Condamnés* est assez souple pour devenir tendre, pour vouloir plaire, pour se rendre galant, gracieux et poétique. La *Femme couchée* et la *Bacchante* sont deux compositions d'une poésie et d'une couleur très-galantes. Dans les *Caresses enfantines*, Muller a prêté aux deux personnages un motif qui est d'une ravissante coquetterie. Quand il n'étudie pas les grandes choses de l'histoire, Muller joue volontiers avec les petites choses spirituelles et gracieuses de la vie.

XII.

Laissons là bien vite, — mais, après les avoir longtemps regardées, — toutes ces jolies peintures si pleines de rêverie, de douceur, de faiblesse et de caprice. Il nous faut tout notre sang froid pour admirer un peu plus loin, et de notre mieux, un célèbre tableau d'Ary Scheffer, une réduction de la *Françoise de Rimini*, cette scène, ce drame, qui troublent le cœur et l'esprit à force de terreur dans le sentiment et de passion dans l'idéal. C'est l'art, c'est la jeunesse, c'est l'enthousiasme, c'est l'attendrissement d'autrefois, qui nous reviennent dans cette peinture, où tout est singulier, profond et formidable; poëme étrange où rien ne peut plus être humain, et où l'humanité tressaille encore; où la mort semble avoir gardé quelque chose de l'agitation, de la douleur et du sang de la vie! Et je dis bien : le sang est toujours là, une goutte de sang que le pinceau n'a point oubliée, et qui coule depuis des siècles dans l'imagination des artistes et des poëtes.

XIII.

Pour se distraire d'un pareil spectacle où l'on s'isole, où l'on s'oublie, il ne faut rien moins que la couleur, l'air, la lumière, l'esprit de la réalité en peinture : Je commence à respirer et je me retrouve, en regardant, autour de ce mystérieux chef-d'œuvre d'Ary Scheffer, un Camille Roqueplan, *Paysage*, qui réveillera un doux regret dans plus d'une mémoire; — deux Isabey, la *Bourrasque*, le *Cabinet d'un Alchimiste*, d'une habileté si fine, d'une touche si adroite et si brillante; — un Brias, le *Saint Nicolas*, d'un bonheur d'exécution inimitable; — un Hamon, la *Gardeuse d'enfants*, petite page naïve, bien sentie et bien arrangée; — deux Guillemin, *Pudeur et Indigence*, une *Maison de secours en Bretagne*, d'un sentiment vrai, d'une franchise qui ne dédaigne aucune grâce et ne néglige aucune finesse; un Millet, la *Récolte*, d'une obstination de pinceau qui cherche et qui trouve la couleur, le dessin, l'harmonie, avec un peu de parti-pris dans la simplicité; — deux Philippe Rousseau, les *Pigeons* et les *Perroquets*, deux panneaux adorables, brillants, vivants, capricieux, joyeux, et qui devraient servir de spécimens pour la décoration spirituelle et éclatante de la demeure des riches. Je vous conseille, Monsieur, de faire placer ces deux toiles au beau milieu de votre salle de vente, dans un encadrement de tentures que vous pourrez prendre aux Gobelins : elles produiront, j'en suis sûr, un effet imprévu et charmant. Ces *Pigeons* et ces *Perroquets* vont obtenir un succès de goût et d'esprit; la richesse intelligente, le luxe bien avisé, la fantaisie bien douée vont faire la fortune de Philippe Rousseau.

XIV.

Oui, je me retrouve tout à fait, je me sens revivre

dans le monde réel, devant ce nouveau groupe de tableaux qui suffiraient pour faire la curiosité, l'éclat et la joie d'une vente publique. Le *Troupeau à l'abreuvoir* a tout ce qu'il faut pour classer le talent d'un artiste : Jacques est un peintre d'observation, qui arrive au mouvement, au relief, au style vrai de la nature, par les efforts visibles du travail et de la recherche ; c'est encore là un pinceau obstiné, qui réussit à s'approprier certains effets de couleur, quelquefois à force d'étude dans le dessin. Avec un peu de prétention, qui serait un éloge pour le peintre, on pourrait dire que ses *Animaux à l'abreuvoir* sont une grande et magnifique gravure sur toile.

Qu'est-ce donc, Monsieur, que cette *Baigneuse* de Robert Fleury ? Ah ! je suis bien de votre avis : la composition de la scène, le dessin, la couleur, une largeur d'expression que l'art tempère par des finesses exquises, ont fait de cette *Baigneuse* une peinture complète, vraie, ferme, inaltérable, une de ces études qui ne relèvent d'aucun parti-pris, qui n'appartiennent à aucune école, sinon à l'école du travail, de la pénétration, de la vérité et du bonheur; étude souveraine, digne d'un vrai musée, et qu'il faut recommander aux méditations des peintres *réalistes* : ils y pourront apprendre ce que c'est que le *réel* dans l'art.

Cette étonnante aquarelle de Decamps, *Famille italienne*, n'est rien moins qu'un tableau complet : la griffe du maître l'a marquée, poinçonnée, en pleine couleur, aussi résolument, aussi profondément que si elle fouillait les empâtements les plus solides d'une grande toile. Decamps est le peintre de la vie; dès qu'il a touché à un sujet, à un motif, à un prétexte, le miracle commence : la vie y est.

Enfin, Monsieur, nous avons là trois tableaux de Ziem : des *Fruits* très-brillants et très-beaux, *Venise le matin*, une *Vue de Grèce* où l'habileté du peintre, sans rien perdre de son éclat, me paraît avoir trouvé une finesse nouvelle.

Je me souviens d'avoir lu que Ziem était vraiment un moderne Canaletto ; je ne le sais pas, et je ne tiens pas à le savoir; d'ailleurs, si c'est là le Canaletto moderne, tant pis pour l'ancien! Ce que je sais bien, Monsieur, parce que je l'ai vu plus d'une fois, et parce que je le vois encore aujourd'hui, c'est que Ziem est véritablement le peintre ordinaire du soleil, dans tout ce que le soleil a de belle lumière, de légèreté transparente, de douce illumination qui fait tout resplendir sans rien brûler. C'est la poésie du soleil, qui joue, pour nos menus-plaisirs, dans ses meilleures journées, avec le spectacle des choses de la terre. Ziem est encore un de ces artistes, fort rares, qui osent parfois rêver l'impossible, et qui finissent par le réaliser.

Aux derniers mots de cette lettre, — si embarrassante et si embarrassée peut-être, — laissez-moi saluer encore le nom de Delaroche dans ces belles peintures détachées, études qui ont enfanté les merveilles éclatantes de l'*Hémicycle*, dans cette réduction bien séduisante de la *Sainte Cécile*, tableau d'une couleur si douce, d'un ton si léger, d'un charme si pénétrant, et qu'un critique appelait autrefois une inspiration *mélodieuse*. Dans la vie et dans l'imagination de Delaroche, qu'il y a loin de cette pieuse mélodie de la *Sainte Cécile*, un peu mondaine, aux harmonies mystiques du *Jésus dans le Jardin des Oliviers!* Le Dieu est venu.

XV.

Eh bien! Monsieur, n'avais-je pas raison? Je vous le répète : A quoi bon détailler ce Catalogue splendide? Qu'est-ce donc que je pourrais dire sur tant de belles choses que nous avons vues et admirées ensemble? Les beaux tableaux sont comme les beaux livres : ils n'ont pas besoin de préface, et le commentaire même n'ajoute rien à ce qu'ils ont de grand. On les voit, on les lit, on les admire, et justice est faite. Laissez passer cette justice du public, dans la salle de votre vente : elle verra tout, elle jugera tout, et nous pourrons, en l'écoutant, apprendre ce qu'il faudrait louer, ce qu'il faudrait aimer dans une pareille collection de chefs-d'œuvre. Faites imprimer tout simplement l'indication des noms et des sujets : le public fera le reste.

Louis LURINE.

Avril 1857.

DÉSIGNATION

DES TABLEAUX

BARON.

1 — Le Message.

Petit médaillon.

BARON.

2 — Fête à Priape.

Petit médaillon.

BRIAS.

3 — Le saint Nicolas.

Haut. 40 c., larg. 32.

COUTURE.

4 — Les deux Politiques.

Haut. 112 c, larg. 145 c.

COUTURE.

5 — L'Enfant au tambour.

Haut. 145 c., larg. 112 c.

COUTURE

6 — La Nostalgie.

Haut. 78 c., larg. 62 c.

COUTURE.

7 — Une affaire après un bal masqué.

Haut. 24 c., larg. 32 c.

DECAMPS.

8 — Chasseur au marais.

Haut. 34 c., larg. 39 c.

DECAMPS.

9 — Famille italienne.

Aquarelle. — Haut. 24 c., larg. 18 c.

DELAROCHE (PAUL)

10 — Jésus-Christ au jardin des Oliviers.

Haut. 175 c., larg. 122 c.

DELAROCHE (PAUL)

11 — Galilée.

Haut. 17 c., larg. 14.

DELAROCHE (PAUL).

12 — Sainte Cécile.

Première pensée, terminée. — Haut. 14 c., larg. 11 c.

DELAROCHE (PAUL).

13 — Onze cadres contenant les études faites pour l'hémicycle de l'École des Beaux-Arts.

DELACROIX (EUGÈNE).

14 — Intérieur d'un couvent. L'Amende honorable.

Haut. 129 c., larg. 160 c.

DELACROIX (EUGÈNE)

15 — Persée et Andromède.

Haut. 47 c., larg. 56 c.

DIAZ.

16 — Intérieur de forêt.

Haut. 66 c., larg. 78 c.

DIAZ.

17 — Soleil couchant.

Haut. , larg. .

DIAZ.

18 — Le Matin.

Haut.   , larg.

DIAZ.

19 — Vaches à l'abreuvoir.

Haut.   , larg.

DUPRÉ (JULES)

20 — Paysage, soleil couchant.

Haut. 21 c., larg. 27 c.

GUILLEMIN.

21 — Pudeur et Indigence.
Haut. 60 c., larg. 65 c.

GUILLEMIN.

22 — Intérieur d'une maison de secours en Bretagne.
Haut. 20 c., larg. 25 c.

HAMON.

23 — Une Gardeuse d'enfants.
Haut. 48 c., larg. 60 c.

ISABEY (EUGÈNE)

24 — Alchimiste.

Haut. 38 c., larg. 54 c.

ISABEY (EUGÈNE)

25 — La Bourrasque.

Haut. 45 c., larg. 65 c.

JACQUE.

26 — Troupeau à l'abreuvoir. Effet d'orage le soir.

Haut. 42 c., larg. 99 c.

LÉOPOLD ROBERT.

27 — Le Brigand blessé.

Haut. 46 c., larg. 37 c.

MILLET.

28 — La Récolte.

Haut. 40 c., larg. 52 c.

MULLER (Ch.-L.)

29 — Caresses enfantines.

Haut. 45 c., larg. 37 c.

MULLER (CH.-L.)

30 — Femme couchée.

Haut. 26 c., larg. 34 c.

MULLER.

31 — Bacchante.

Haut. 85 c., larg. 27.

ROBERT (FLEURY).

32 — Baigneuse.

Haut. 49 c. larg. 38 c.

ROQUEPLAN.

33 — Paysage.

Haut. 34 c., larg. 54 c.

ROUSSEAU (Ph.)

34 — Pigeons.

Haut. 125 c., larg. 86 c.

ROUSSEAU (Ph.)

35 — Perroquets.

Haut. 125 c., larg. 86 c.

ROUSSEAU (Ph.)

36 — Piver, nature morte.

Haut. 41 c., larg. 83 c.

ROUSSEAU (Th.)

37 — Une Matinée de printemps.

Haut. 100 c., larg. 134 c.

SCHEFFER (Ary.)

38 — Françoise de Rimini.

Haut. 24 c., larg. 30 c.

TROYON.

39 — Chiens courants au repos.

Haut. 102 c., larg. 76 c.

TROYON.

40 — La Saulée aux vaches.

Haut. 98 c., larg. 1 m. 31 c.

TROYON.

41 — Une Matinée d'automne.

Haut. 120 c., larg. 150 c.

ZIEM.

42 — Vue de Grèce.

Haut. 65 c., larg. 102 c.

3780

ZIEM.

43 — Venise le matin.

Haut. 52 c., larg. 80 c.

ZIEM.

44 — Fruits.

Haut. 73 c., larg. 58 c.

700

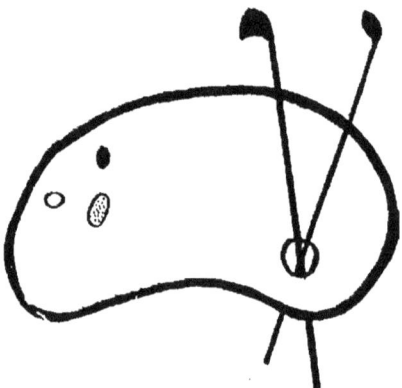

ORIGINAL EN COULEUR
NF Z 43-120-8

www.ingramcontent.com/pod-product-compliance
Lightning Source LLC
Chambersburg PA
CBHW050028230526
45470CB00003B/1181